...
alles wird grün
wie deine Augen

Für Andrea

Norbert Rheindorf

grün

Bibliografische Information der Deutschen Nationalbibliothek:
Die Deutsche Nationalbibliothek verzeichnet diese Publikation in der Deutschen Nationalbibliografie; detaillierte bibliografische Daten sind im Internet über http://dnb.dnb.-de abrufbar.

© 2013 Norbert Rheindorf

Titelfoto: silvia / pixelio.de

Herstellung und Verlag:
BoD – Books on Demand, Norderstedt
ISBN: 978-3-7322-4583-3

Musik

Die Töne
wandern leise
bedacht
deinen Rücken

entlang

deines Nackens
dann in die Ohren
schleichen sich
in die Gedanken
werden zur Brandung
und schließlich Musik
des Lebens
eine sentimentale
Melodie
doch voller Kraft
lebensklug
umarmt sie die Seele

du greifst meine Arme
wir drehen uns
um uns
und unsere Liebe

Punktum

Dein Lächeln
ist der nächste
bunte Faden

Ein Zwinkern und
eine Berührung
werden Punktum
vom Herz
aufgenommen
Glück zu weben
filigran
doch fest
in den Farben
aller Träume
von Liebe
die unsere Seelen
jemals hatten

Diese Stunde

Diese Stunde
in die Hand genommen
wohl abgewogen

die Unmenge Sekunden
die sie und ihre Schwestern tragen
ein bisschen Last
ein bisschen Sand der leicht
im Sturm verfliegt

will ich
erleben
leicht nehmen
ergreifen
und dann
an dich
verschenken

matt

Leben gleitet ab
an glänzenden
Oberflächen
an Perfektion

moderne Tage
als Lotuspflanzen
Tränen perlen ab
der ganze
menschliche Dreck

zwischen der Fassaden
der Glaspaläste
klaffen Welten
aus Gleichgültigkeit

Individuen
treffen sich vereinzelt
in virtuellen Foren
ohne Netz
sind sie matt

Reduktion

Körper
vor matten Scheiben
reduziert auf Augen
in denen sich
Vorgespieltes spiegelt

Sprachlos

Was ich dir
noch sagen wollte
bevor
ich in das Grün versinke
dass deine Augen
perfekt kopieren
vom Wasser
damals
als das Licht auf dem Meer lag
und du in meinem Arm

was ich dir
noch sagen wollte
bevor
ich mich in deinem Duft verliere
zugedeckt
mit Vertrauen
schlafe
ist...
also...

was ich dir
noch sagen wollte
jetzt hören alle zu und
ich will es nicht beschreien
ist...
also...

komm noch ein wenig näher
und ich flüstere dir was

vorwärts

Ganz vorsichtig
auf Zehenspitzen
Halt suchend
hoch über
dem Abgrund
unerforschter Gefühle
tastet man sich
mit pochendem Herz
angehaltenem Atem
langsam vorwärts
zum Ziel
und sei es bloß
brüchige Balance
jenseits alter Angst

Die Sonne

Die Sonne liegt leicht
auf deinem Schlaf
zieht sich
langsam zurück
verweilt kurz
zärtlich
auf deinen Haaren
dann flieht sie schnell
aus dem Zimmer
spielt noch ein bisschen
mit den Farben im Herbstlaub
und ist weg
über den Hügel entschwunden

ich bleibe bei dir
in der kühlen Nacht
mit der Hoffnung
auf den Morgen
und auf die Sonne
in deinem Haar

Am Horizont

Das Gesicht
dem Meer und der Brise
dem Regen den sie trägt
entgegen
gehalten
stehe ich

lasse
die Zeit
von meiner Haut
waschen

die Augen
sehen schon
am Horizont
einen
aufgerissenen Himmel
und Licht

die Erde
dreht sich
und ich mich mit ihr
unaufhörlich
zu dir

Voran

Nur voran
der Angst entkommen

das morgen
trägt den Sinn

und still
ruht der See
trüber Ahnungen
im Gestern

vorsichtige Füße
tasten
sich aneinander
vorbei und laufen
sich dann weg
immer schneller
bis der Wind
die Seele umarmt
sie noch ein Stück des Weges
trägt
sie dann ohne Krücken
selbst geht

voran

los

Die Augen ziehen
an den Blättern
die Äste scheinen
wie auf Kommando los
zu lassen und Farben
wirbeln durchs Blickfeld
getragen vom Sehnen
der Herzen die schon
Zukunft sehen
hinter den Ruinen
der Dinge
deren Wichtigkeit
die Zeit vergaß

Ewig

Verronnene Zeit
an den Ufern
des Lebens
das man manchmal
bloß aushält
bis die Nacht
Gedanken mitnimmt
auf ewig
nach da draußen
wo nichts ist
als Meer

bis du
etwas Namenloses
in mir berührst
mein Herz
die Zeit vergisst
und Segel setzt

Deine Augen

Meine Finger
spüren dich auf
tragen dir
Wärme an

deine Augen
folgen ihrem Lauf
und laden ein

grün sind sie,
das Meer
und die Hoffnung

Winterschlaf

Der Schnee
reflektiert
gleißendes Licht
auf das neue Jahr

Tage kriechen
aus dem Frost
geblendet und unsicher

auf dem See
junge Eisschollen

unsere Augen
blinzeln ins Helle
ohne Erwartung

die Nächte
ziehen sich
noch
Wolkendecken
über die langen Stunden
schlafen tief

ach
ich dreh mich noch mal um
und lass mich wecken
von der Wärme
längerer Tage
und deinem Kuss

Eiskristalle

Die sinkende Sonne
läuft über den Schnee
davon
glitzernde Eiskristalle
säumen ihren Weg
dahin
wo nur wir beide
versunken sind
in warmer
Dunkelheit

aus der uns
der Morgen
befreit
und sich
hoffentlich
Zeit lässt
dabei

uns lässt
wo der Winter keine Stunden zählt
Arme und Beine
verschlungen vermählt
zum Geräusch
leise fallenden Schnees

Ein Baum

Ein Baum
starr im Frost
Eis umklammert
Äste und Zweige
wie gerne
würde er wie ich
dich
umarmen
doch ihm bleibt
nur die Sehnsucht

unbeholfen
bar der Worte
mit ungeschickten Händen
die kein Ziel finden
fühle ich
mich
manchmal
wie er

doch niemand liebt
dich
so
wie er und ich

Grün

Alles wird grün
Farbe
läuft durchs Bild
mit feinem Pinsel
malt zarten Frühling
aufs Wintergrau

Wärme
ergreift Besitz
von Kopf und Körper
das Jahr
probt den Augenaufschlag
der Verheißung

alles wird grün
wie deine Augen

Entzweisamkeit

Flüstere mir was
komm mir nah
so gut wie das
per Fernsprecher geht
so nannte man das
früher was heute
bleibt als Draht
zwischen zwei Herzen
die Ferne macht es
zum Stacheldraht
und Liebe 2.0
zum Minenfeld
der Entzweisamkeit

Papierschiffchen

Die Schiffe liegen im Hafen
mit nackten Segelmasten
überm Wasser Nebel
aus Ungeduld
warten
wird zur Folter
getakteten Lebens
jeder ungenutzte Wellenschlag
ein Dorn im Fleisch

ich setze die Zeit
auf eine Papierschiffchen
lass die Stunden raus treiben
aufs Meer
und gute alte Sehnsucht
als Drachen steigen
dass er Ausschau hält
nach ihr

das Meer
schickt seinen Dank
in den Hafen gleitet
voll beladen
mit leichtem Herz
am Abend
mein Schiffchen

Unterwegs

Asphalt
man rast
auf ihm herum
und kommt nie an
bei sich

da ist
so viel Bewegung
während das Leben
auf der Stelle tritt

es bleibt
ein Meer aus Stunden
im Rücken
ein Leben
von dem man nichts weiß
außer dass man es
wie Sand
am Wegesrand
verstreute

So weit das Auge reicht

Komm
lass uns wie Federn
in den Wind springen und segeln
so weit das Auge reicht
was dahinter ist
ist der Horizont von morgen
und übermorgen
kalter Kaffee
halb so schlimm

Geräuschlos

Die Bäume stehen kahl
und knorrig im Nebel
über weißen Wiesen

das Knirschen des Eises
an den Uferrändern
das einzige Geräusch

während Leben
pausiert
die Tage runter zählt
bis zum Frühling

vereinzelte
gegen die Kälte
Vermummte

verstohlen
getauschte Blicke

Begegnungen
geräuschlos
wie das Fallen
des Pulverschnees

der Atem
einzig sichtbares Zeichen
des neuen Jahres

Übers Wasser

Die Sonne
spielt im Schilf verstecken
huscht hier und da
übers Wasser
tanzt auf den Wellenkämmen

am See
auf einer Decke
im hohen Gras
schläfst du
ein Buch
aus der Hand gerutscht
schenkst dein Gesicht
der Sonne

meine Augen
nehmen mein Herz mit
übers Wasser zu huschen
zu tanzen
auf den Wellenkämmen

Winter

Die Sonne sinkt müde
in die Äste
der Alleebäume

während Kinder rufen
von der Eislaufbahn
auf den Uferwiesen
mit roten Gesichtern
voller Leben

der Winter
schwelgt in Kälte
und mir ist warm
ums Herz

Flüstern

Meine Augen
finden
deinen Blick

und mein Herz
kennt deinen Namen

mein Blut
flüstert ihn
jeder Faser

die sich verzehrt
nach dir

Fernweh

Träume
von der Ferne
säen Weite im Herzen
es passt viel mehr
von deiner Nähe
hinein

deine Hand
geht in meiner auf Reisen

da stehen unsere kleinen
Seelen
mit leichtem Gepäck
bereit und schwingen
sich auf unsere Blicke
unsere Augen
geben sie frei
übers weite Land

am Abend
die Sonnenstrahlen
ziehen sich zurück
und nehmen sie mit
an die Ufer der Ferne
dort finden sie
Glück
und wieder nach Hause

Aufhorchen

Stille
über den Feldern
Vollmond
Nachtkühle
und du

Herzen
flüstern nur

andächtige
kleine Seelen
mit weit aufgerissenen Augen
trauen sich kaum
zu atmen

es ist ein Aufhorchen
allenthalben
auf das Fallen
drei uralter Worte

Kaugummi

Langeweile ist
ein Kaugummi
der Geschmack leerer Zeit
auf sprachlosen Lippen
erschlägt jeden Sinn

Ankunft

Verlassen
die Halde
der bleischweren Tage
der Sand an neuen Ufern
frei
für neue Spuren

das Wasser spielt
mit den Eindrücken
die wir hinterlassen
die unser Leben werden
und unauflösbarer Besitz

Ausweg

Der junge Morgen
lockt mit Versprechen
auf Wärme und Schlaf
zum Geräusch
fallenden Schnees
der die Stunden
in Vergessen hüllt

draußen
ziehen Chancen
frische Spuren
in die deine Füße passen

Am Meer

Die Erinnerung an
damals
wärmt als erstes Licht
den Morgen des Aufbruchs

das Herz wird leicht
auf großer Fahrt
den Mut
wie ein Segel
in den Wind
gesetzt

angekommen
in Seelenruhe

am Ziel
zerfließt die Zeit
in der Abendsonne
am Meer

Blinde Zeit

Müde Tage
ohne Augenblicke
blinde Zeit
verläuft sich
in sandigem Vergessen

Nächte suchen
verlorene Stunden
Hände ringen
mit einer dünnen Decke
aus Schlaf
und Tausendfüßern
aus Gedanken

Im Licht der Laternen

Puderzuckerbäume
recken ihre Äste
in die Stille
Schnee legt sich lautlos
als Mantel aufs Land

am Fluss
frische Spuren
von rasch in die Wärme
geflohenen Menschenseelen

der Tag
erstarrt
und doch wird es Abend
und die Dunkelheit
tanzt
auf Schneeschuhen heran

im Licht der Laternen
rieselt weiter der Schnee
und dämpft die letzten Geräusche
als wir uns beieinander finden
in winterlichem Schlaf

Eisbahn

Es regnet
in die Kälte der Albträume
gefrierende Angst
wird zur Eisbahn
der Seele
halsbrecherisch
geht es hinab
in die Dunkelheit
endloser Nacht

Erwachen in Wärme
wird zur fixen Idee
Trugbilder
blühender Blumen
welken und finden
ein Ende
im lichtlosen Winter
zerbrochener Köpfe

Abgesang

Der Wind weht Unrat
über das Land
sammelt auf
was brach liegt
an der Uferböschung
gesammelte Werke
der Wellen
die nicht mehr trugen
als ihr eigenes Requiem

Nacht

Tief in die Nacht
geschaut
berauscht
von ihrer Stille
Schwärze und Anmut

klar und küh
sind ihre Augen
ihre Hände fest und zart
wie deine

tief in der Nacht
finden wir uns wieder
und heim

Dieses Haus

Diesem Haus
fehlen Fenster
Licht und Wärme
dein Lachen

Dieses Haus
krankt an der Stille
die bleiern
in ihm liegt
diesem Haus
fehlen deine Schritte

Dieses Haus
ist stickig
ihm fehlt dein Atem
all den Dingen
und mir
deine Hände
die uns berühren

Diesem Haus
fehlt Leben
diesem Haus
fehlst du
und meine Seufzer
sagen
alles Weitere dazu

Riesen

Wo sind die Riesen
deren Kräfte
es bedarf
zu gehen

dich und deine Tränen
dort
zu lassen

blind den Weg
zu ertasten
in die Ferne
entzweiten Lebens

Versprechen

Lähmende Angst
vor vergeudetem Leben
als selbst erfüllende
Prophezeiung

Horizonte
unerreichbar
in Fesseln
aus Melancholie

im Herbstnebel
der auf den Feldern liegt

bis die Sonne siegt
ihre Strahlen
in der kalten Luft tanzen

zur Musik
des Versprechens
vom nächsten Frühling

gefegt

Zeitjäger
und andere
Manipulatoren
innerer Uhren
treiben sich und andere
ins Fegefeuer 2.0

Asche
ist was bleibt
Fallout
verseucht
globalisierte Seelen
und knirscht
als wertloses Zeugs
zwischen den Mühlsteinen
des Business
an den Rand gedrängt
bei Seite gefegt

Dreimaster

Ein Dreimaster
Glaube, Liebe, Hoffnung
lief aus und sank
im Sturm
das Wrack
liegt auf Grund
in der Dunkelheit
fehlender Worte

Winter

Die Tage vergehen
die Zeit streicht
über die hart gefrorene Erde
während Kreise sich schließen

das Jahr schläft ein
und träumt sein Ende
herbei
so müde

jede Sekunde
ein Sehnen
nach Erlösung

Augenblick

Die Last der müden Tage
liegt hinter uns
leichten Fußes
auf den Zug
des Lebens gesprungen
auf Aufforderung
eines Blinzelns
schenk mir
mehr Augenblicke
und verzeih
dass ich dich
erst so spät
fand

Mobilisierung

Die Gedanken
sind beharrlich
Insassen die Platz fressen
während Zeit
sich verflüchtigt
und uns zwischen
Tagwerksfingern zerrinnt

sie zu mobilisieren
Ballast abzuwerfen
ist Ziel
für leichtere Tage
und die Hoffnung auf Ankunft
im Reinen

Langsamer Walzer

Die Zeit tanzt
langsamen Walzer
dem Frühling haftet noch
kalte Trägheit an

Morgenstunden
misstrauen der Wärme
die jenseits des Nebels
schon mit dem Tag flirtet

neue Chancen
kriechen
in unsere Arme
wecken uns sanft

Fratzen

Der Aufbruch
lässt die Flügel hängen
gefangen in Netzen
die Provider hosten
im Virtuellen

mattes Klicken
taktet Langeweile
auf den Usersteigen
flanieren
Identitäten
IP-Adressen
machen Leute

auf Schritt und Tritt
auf Displays
mobiler Gadgets
Fokussierte
hinter deren Rücken
das Leben
ihnen Fratzen schneidet

zeitlos

Die Zeit ist los
gelassen
hat sich an den Strand
geschlichen
auf einer Bank
in eine Decke gehüllt
schaut sie
den Sonnenuntergang
wartet
um mit dem abziehenden Wasser
fort zu schleichen
in sanfter Stille

Nord weisend

Den inneren Kompass
Nord weisend
ausgerichtet

die Seele schwelgt in der Stille
in der salzigen Luft
hält das Leben
den Atem an
der Blick springt
in die Gischt und ruht
dann bis er
mit den untergehenden Sonne
versinkt

mit geschlossenen Augen
deine Nähe genießen
während die Zeit
ohne Nutzen und Ziel
um uns verstreichen darf
Dunkelheit
auf leisen Sohlen
herein bricht
uns gänzlich
umgarnt
uns die Nacht
verspricht
in die wir
dankbar versinken

Abschied

Die Zelte werden abgeschlagen
der Jahrmarkt
verlässt
die Uferwiesen
der Sommer das Land

die Nacht
schlägt einen kühlen Mantel
um die Seele
Stille
kehrt ein

letzte Blicke huschen
über die Stoppelfelder
Abschied unterm Sternenhimmel
wehmütige Hoffnung
auf ein Wiedersehen
dann nimmt der Wind
die Wärme von den Herzen

Mündel des Winters
werden wir sein

jenseits

Jenseits
von Sicherheit
lösen
ausgebüxte Gefühle
Alarm aus

die Frage nach Morgen
lähmt das Heute

Zukunft
scheint
unplanbar geworden
obwohl sie das doch schon
immer war

wohin führen
die Fragen
außer
zu ihren Kindeskindern
ihre ungedämmte Flut
verstellt
den Blick

auf die Verheißung
neuer Tage

jenseits
von Sicherheit

was

Ich sehe was
was du nicht siehst
ich sehe es
in deinen Augen

mit denen du siehst
was ich nicht sehe
in meinen Augen

ich fühle was
was du auch fühlst
es ist etwas
zwischen uns
unsichtbar
nicht zu greifen

und doch so schön

Hämatome

Ich sehe was
was du nicht siehst
und das ist grün und blau

gibt es eigentlich
Hämatome
auf der Seele

in Augen
spiegeln sich
manchmal
Verletzungen
die Stillschweigen bewahren
aber ohne es zu wissen
an anderer Stelle
weh klagen

ich sehe was
was du nicht siehst
und das ist grün und blau

stumm

Die Straßenbahn zur Neustadt
rumpelt über die Schienen
durch den Dreck der Scheiben sieht man
Münder tonlos reden
Gesichter streiten und lachen
Autos fahren geräuschlos
nur an Haltestellen
dringt die Außenwelt
nach innen

die Augen genießen
das stumme Leben
da draußen
und drinnen
versuchen die Ohren
auch nichts zu hören
nicht die Dummheit
Ressentiments und Anzüglichkeiten
aus dem hinteren Teil
des Wagens
wo sie Schwache gängeln
während vorne alle
angestrengt nach draußen schauen

Litfaßsäulen

Plakatives
für jedermann
auf der Oberfläche
sozialer Netzwerke
die nur
virtuell existieren
wir erstarren
zu Litfaßsäulen

Kulissen

Sie treten Türen ein
und kriegen dich
ohne dass du es bemerkst

ihre Präsenz
kriegt dich am Schlafittchen
sie werben nicht, oh nein
sie sind einfach immer da
wo du bist

von überall dringen
ihre Botschaften in dich ein

solange
bis du aus dir raus gehst
zu ihnen kommst und ihnen abkaufst
was sie zufällig da haben
an Dingen und Botschaften
von denen du nie dachtest
das du sie brauchst

du denkst du stehst noch draußen
auf dem Bahnsteig der Verweigerung
doch du bist längst
auf den Zug aufgesprungen
und sie ziehen die Fäden
und an ihnen die Kulissen
an dir vorbei

Geisterstunde

Ein Gespenst geht um
und pfeift ein Lied
vom Untergang

von Jobverlust
und Burn-Out
von Zwangsversteigerung

lähmende Angst
klebt wie Pech und Schwefel
an der Verortung von Leben
im Universum der Arbeit

dieses Lied
ist ein Ohrwurm
nistet fest
in den Köpfen
und verstummt erst
im Abseits

Entsagung

Sie sagte ihm
sie entsage ihm
und ohne ihn
wäre sie besser dran
als arm dran
als Seine
zu sein
unbeachtet
an seiner Seite

Getrennte zwei
werden zu Hälften
wo bleibt da
die Mathematik
und überhaupt
die Romantik

sie verbrannte
lichterloh in der Langeweile
selbstverständlicher Tage
sank in der Gleichgültigkeit
immer weiter herab
bis die Fallhöhe
fast null war
und der Untergang eine
Ankunft
bei sich selbst

Löwen

In die Mitte der Gesellschaft
brennt es ein Loch
wie in die Karte
im Vorspann
von Bonanza

was bleibt
wenn das Feuer
die ganze Karte
gierig frisst

wohin
in terra incognita

malen Denker, Künstler, jedermann
neue Karten
oder genügt es uns
resigniert zu vermerken
dass hier die Löwen hausen

und uns zu ergeben
einem Schicksal
das unser Selbstmitleid
einlud
zum Tag
der offenen Türe
in die triste Mönchszelle
unserer Ratlosigkeit

wer definiert
über was wir uns definieren
können wir gestalten
oder nur dilettieren?

Schöpfer

Die reine Vernunft
feiert
hoch jauchzend
die Leere des Himmels
macht sich die Hände schmutzig
an Häme
betrinkt sich
an der Bar
jeder Hoffnung
verlottert zusehends
fern der wohl geölten
Trost-Maschinerie

Schienenstrang

Eine Schneise zwischen Bäumen
wucherndes Gras
über den Resten
des Schienenstrangs

die Füße im Schotter
voreinander setzen
die Reise
nachempfinden
die Strecke eingleisig
von dort wo sie hinführt
gab es kein Zurück

hinter der Kurve
zerfallen
die Verladerampen
zu drohendem Vergessen

Anzeige

Ich sehe was
was du nicht siehst
es ist
in deinen Augen
es ist warm und glänzend

meine Augen
reklamieren
die Entdeckung
für sich

es ist einzigartig
es ist
ein Leuchten
das dein Herz erfand
anzuzeigen
nichts Geringeres
als die Wiederentdeckung
deiner Seele

Treibholz

Schrecklich schön
bunt
die Reklamen

seit die Welt
zur digitalen
Litfaßsäule
wurde
und die Wirklichkeit
bloß
stumpfes Abbild

seit der Mensch
abstieg
vom Olymp
der Schöpfung
wo nur er
sich sah

sich fand
in der Ebene
ungezählter Tage
wo Monotonie
zur Auslegeware
für Köpfe wird
die sich matt
und verwirrt
drehen
all die Reklamen zu schauen
und sich treiben zu lassen

Zwischen den Jahren

Transparente Tage
hinter denen das Uhrwerk
durchscheint
die unerbittliche Mechanik
ablaufender Zeit
ins Auge sticht

als Treibgut
in den Neujahrsfluten
abgehalfterte Träume
als Zeugen am Ufer
bleiche Seelen
einsamer Rufer

Oberflächenversiegelung

Wie Maulwurfshügel
durchbrechen Erinnerungen
die Oberfläche
die von den Jahren
poliert
ist und undurchdringlich
erscheint

darunter
lauert scharfkantig
und schroff
was damals Zukunft
werden sollte
und doch anders wurde

mit der Zeit

scheint der Mensch
auszuhärten

würfeln

Heute kommt der Sturm
sagen Sie
und verbarrikadieren
Hab und Gut und sich
und ich
kann nicht anders
als raus gehen
den Kopf in den peitschenden Wind
halten und fasziniert schauen
wie das Leben
durcheinander wirbelt
kostbare Menschenleere
auf den dankbaren Wiesen liegt
die sich voll saugen
mit kühlem Nass
als Vorrat
für dröge Alltage
ich höre
wie der Wind
noch mal Atem
holt
und tue
es ihm gleich
meine Augen funkeln
die nächste Böe an
zwinkern
vorsorglich Gott zu
wie geil
wenn er doch
würfeln würde

Der Sturm

Du machst meine Seele
zum Verschiebebahnhof
für Gefühle
du bist
der Sturm
peitschender Regen
Verzweiflung
im stillen Auge
sanfte Melancholie
Tränen im Westen
jenseits des Zenits
der Tage
Mut und Lachen
bei den Aufräumarbeiten
Rettung
in den Schutz der Nacht

Du fragst nicht

Du fragst
wo der Schlaf ist
wo die Kraft-Tankstelle
für neue Tage
die Schlange stehen
ihre Anliegen
so wichtig nehmen
denken
wer am lautesten schreit
wird als erster gehört
bis die Rufe
sich vermischen
Geräusch werden
das die Ohren beleidigt
das man ignoriert

Du fragst
wo die Zeit ist
in der Andere
tausend Dinge tun
nie genug kriegen
Herausforderungen lieben
und immer vorne
dabei sind
während sie dir
durch die Finger rinnt
oder können die Anderen
nur besser lügen

Du fragst dich
eintausend
und eine Frage
die Gedanken
kreisen auf dem Karussell
immer schneller
jauchzend
im Fahrtwind
der deine Nächte verweht

Du fragst dich
während dein Magen sich umdreht
als der Morgen droht
ob erwachen
überschätzt wird
und wer verdammt wann
hier Auswege
betonieren kommt
und ob dich das
wirklich interessiert

Du fragst
ob das Fragen
notwendig ist
wenn es derart
Raum greift
in deinem Kopf
der fragt
sag mal
wie ist das
eigentlich
mit atmen

das Licht im letzten Haus
an der Düne
verschwimmt
im Wasser

kühle Stille
umarmt
eine Antwort

doch du fragst nicht

Hui und pfui

Augenklimpern
für die Kameras
komplette Entblößung
nur um
auf Oberflächen
zu gelangen
Scheinpräsenzen flimmern
über Bildschirme jeder Größe
lassen sich anfassen
auf Touchscreens
manifestieren
in Klicks
virtuelle Bedeutung

Wirklichkeit
ist offline
und pfui
Hui 2.0
macht Umsatz
mit der Sehnsucht
der Berieselten
nach Geld und Ruhm
ohne Tun

Theater

Fanfaren und Geläut
ein Riesengeschrei
um Aufmerksamkeit
ein Trailer in kurz getakteter Schleife
Twitter News, Foren
in Online-Netzwerken
das ganze Tamtam
volles Programm
für das ewig Gleiche
es gibt nur noch Rufer
in der Wüste
formatierter Langeweile
wer soll das alles hören
konsumieren
gar aufnehmen und verdauen
alle Plätze
außer der ersten Reihe
bleiben frei
ein seltsamer Glaube
dass Leben
abseits der Hauptscheinwerfer
unmöglich sei
absurdes Theater
wo alle auf die Bühne drängen
und der Saal leer bleibt
die Aufführung sollte
auf die Ränge verlegt werden
dann könnte alle
von der Bühne aus
besser sehen

Spiele

Die Kinder geben sich
berühmte Namen
beim Fußball spielen
auf der Straße

die Eltern singen Karaoke
enthemmen sich
und werfen sich in Pose

Spiele
nur

manche ertrinken
beim Versuch
ans grünere, andere Ufer
zu gelangen
kein Risiko
ist zu groß
um bloß nicht
man selbst zu sein

mach dir darauf
selber einen Reim
willst du der Künstler sein
dann bin ich Katsche
Schwarzenbeck

Ein Lied

Du lädst dir die Nacht ein
durchs offene Fenster
knipst die Lampe aus
denn das Mondlicht
und du
ihr tanzt wie im Rausch
durch die Stunden
bis der Morgen
als weißes
und doch nicht unbeschriebenes Blatt
naht
während das Lied
das du mit dem Mond
sangst
über die regennassen
Trottoirs
verhallt

Wache

Auf deinem Konto
Eingang Rente
Ausgang Miete, Wasser, Strom und Gas
die Briefkästen schief
teilweise verwüstet
Urin im Treppenhaus
der Aufzug defekt
deine Wohnung
im sechsten Stock
32 Quadratmeter
darin
deine Lampe und du
siebzig
seit zweieinhalb Jahren
die Glühbirne
hält dir die Treue
Tag und Nacht
wacht sie bei dir

Schalter

Du liegst im Bett
in der Hand den Schalter
Lampe an
schauen
wie die Schatten verschwinden
die der Fremde
wie eine Blende
vor deine Augen setzte
als er dich ins Gebüsch zerrte
vorgestern Nacht
an der leeren Haltestelle
dir den Halt nahm
schwindlig und unsicher
ist nun jeder deiner Schritte
du willst liegen
sehnst dich nach Schlaf
und Vergessen
kannst die Schatten
nicht weg radieren
Lampe aus
die Sekunden zählen
solange du es aushältst
Lampe an Lampe aus
die Minuten
schälen sich zäh von der Nacht
bis du im Morgengrauen
erschöpft
schläfst
den Schalter noch
in der Hand

Buhlschaft

Ein Morgen
in Pastellfarben
langsam streichelt
aufkommendes Licht
über die weißen Wiesen
bricht hier und da
die Decke aus Reif auf
deine Augenlider flattern
in ein paar Momenten
wirst du wach sein
die Nacht
vermisst dich
jetzt schon
übt sie ein Lied vom Schlaf
vom Begehren
legt ihre sanfte Stimme
in den Wind
der ums Haus streicht
und sehnt dich
in ihre Arme
zurück

Strömung

Die Strömung
nimmt uns mit
unbekannte Ufer
ziehen vorbei
bis wir
als Treibgut in der Fremde
zu uns kommen
unsicheren Schrittes
in ein Leben stolpern
dem jede Idee fehlt
ideologiefrei, ziellos
austauschbar
die gefeierte Aufklärung
mündet erst mal
in totaler Ernüchterung

Sinn
stiften
scheint
ein überkommenes Handwerk
zu sein
solange ist Sein
nur ein Konglomerat
beliebig
getakteter Zeit

der Geist der Freiheit
zieht wie ein kalter Wind
um die zerbröckelnden Fassaden
sterbender Dörfer

Leben
braucht Wärme
und uns ist
so kalt
das Land
so still
im Herzen
trotz des Lärms
der Marktschreierei
nur Konsum
ist noch laut
doch sein Geläut
ist zartbitter
kein Lied
ist süß
auf unseren Lippen
kein Versprechen

das Morgen
ist schon weit
in den Fluss gegangen
bald, ganz bald
verliert es
den letzten Boden
unter den Füßen

die Strömung
nimmt uns mit

Eiswüste

Die Worte erfroren
jämmerlich
in der Eiswüste

unerbittlich die Kälte
die sprachlose Lippen
ausstrahlen

Augen huschen
den Fingern hinter her
die rasen, hüpfen, gleiten
über die Touchscreens

Kommunikation ist heute wie
Morsen ohne Ton

ich erinnere noch die Zeit
als Worte geflügelt waren
im Raum schwebten
und Augen
an Lippen hingen

die wortgewärmt weich
zu küssen lohnten

An diesen Tagen

Im Rinnstein
spülen Regentage
Tristesse und Anklagen
verlorenen Glücks
fort

Die Sonne wärmt
Vertrauen legt sich
wie sanftes Licht
auf Gesichter und Herzen
an diesen Tagen
des scheidenden Winters

Niemand

Gesenkte Köpfe
Hände suchen Halt
an den Armlehnen
von Wartezimmerstühlen
Stangen
in Straßenbahnen
an Aktentaschen
im Gewühl auf den Straßen

Gesenkte Köpfe
sprachlose Münder
im großen Nebeneinander
fremder Körper
das Blickfeld gefesselt
in Bodenhaltung

egal
wo die Menschen stehen
sie wären gerne
weiter oben
eine Hierarchie
aus Geld, Posten und Dingen
mit Auslegware aus Wichtigkeit
unterschiedlcher Qualitäten
fordert ihren Preis
im Bekenntnis
verkniffener Lippen

weiter oben
wohin sich niemand
traut zu schauen
schaust du einen direkt an
und spielst mit dem Angebot
eines Lächelns
herum
ein bisschen
feixend
weil es niemand sieht

es ist dein Faustpfand
das niemand gehört

ich wäre gern
niemand

Einer von uns

Tage werden zum Ritt
gegen Windmühlen
bleierne Apathie
nimmt den Atem
Worte prallen
an Wände
bis ein Schrei
zum Flüstern wird
heiser
legt sich der Verstand
schlafen

dann klopfen
sie dir auf die Schulter
jetzt
bist du einer von uns

Trophäen

Die Meute hetzt den Wolf
in Blogs und Foren
feiert ihre Trophäen
doch sie reißen nur das Blattgold
vom Kalb
und tanzen froh

Die Zeit des tönenden Erzes

Das nackte Elend
entblößt

jeder Firlefanz
wird sexualisiert
jede Botschaft
auf Haut zu Markte
getragen

Omnipräsenz
attackiert die Augen
der Blick flieht
ins Leere

Sinne sehnen sich
nach einem Geheimnis
der Entdeckung des Flüsterns
in der Zeit
des tönenden Erzes

Suche

Das Leben
gibt es nur
ohne Masterplan
Tag für Tag
muss man
die Chance
annehmen
ich fand dich
trotz verbundener Augen
tastend
wie fühlt sich
Liebe an

Wintermärchen

Erstarrtes Land
geeister Verstand
die Seele
in klammen Fesseln
im Nieselregen aus
Phrasen und Werbung
benommen und taub
vom Weghören
stolpern
den Blick
wie vom Senkblei
zu Boden gerichtet

stilles Land
ohne Horizont

Auf Zehenspitzen

Kälte, Sonne, klares Licht
bildschön der Tag
dem du
noch fehlst

die Krähen
ziehen ab von den Feldern
der Abend empfängt
eine mondlose Nacht
Sehnsucht schleicht
auf Zehenspitzen
heran um uns
zu umarmen

still und heilig
die Stunde
die deine Wärme
verspricht

Pandemie

Durch eingefrorene Leben
quälen sich Menschen
mit stumpfen Augen
in zerbrochenen Köpfen
ideenlos
bis sie tauen
im Angesicht
eines Lächelns
es breitet sich aus
wie ein Virus
eine schöne Pandemie
hoffentlich gibt es
kein Antidot

Steckbrief

Die Gedanken stehen frierend
in der Schlange der Stunden
der Kälte der Tage
entkommen sie nicht

den Kopf
dem Schutz
der Nacht empfohlen

ruhe sanft
in warmem Vergessen

anderntags

die Krume der Fragen
wieder aufgeworfen
als unüberwindbares
Hindernis
in der Ebene
ahnungsloser Gleichgültigkeit
über die
ein schneidender Wind weht

und ein aufschneidender Ton
als ausgerufener Steckbrief der Zeit
die ihre Geheimnisse
in ein Loch ruft
dass sie aushob
in der Nähe der Binsen

Im Winter

Man hastet
durch messerscharfe Luft
Licht
nimmt in die Arme
doch man bleibt wie der Boden
gefroren
bis ans ängstliche Herz

im Winter
der Sprachlosigkeit
Menschen wie Kaninchen
vor der Schlange
herein schneiender Krisen

paradox
nur denen
die eiskalt wurden
ist warm
ums Herz

Moderne Zeiten

Große Räder
werden gedreht
unerbittliche
Uhrwerke
Politik, Wirtschaft
Naturkatastrophen
man fühlt sich winzig
Angst macht klein

Zuversicht
wurde zermahlen
keine Rücksicht genommen
das große Ganze
muss ans Ziel
das andere
definieren
wir sitzen auf der Tribüne
schauen im Spiegel
auf moderne Zeiten

Sirenen

Ohren
mit Lärm
zugekleistert

Sirenen
so laut
Gebete
so leise

wer soll sie erhören
Gott ist abgelenkt

durch den neusten
Werbeflyer
noch nie war
Konsum
so rauschhaft
schön abstoßend

Sonderangebote
und Rabattcoupons
auf Glück
Abgabe nur
in haushaltsüblichen Mengen
in allen teilnehmenden Märkten

auf die Häute getragen werden

Häute von Seelen
die man hält wie Tiere

bei Zuckerbrot
und peitschendem
Jahrmarktsgeschrei
kauft noch mehr
vom Einerlei

schön bunt das Plastik
kitschig die Träume
schön doof sind wir
geworden
abgelenkt von Sirenen
irren umher

Wind

Im Wind
der übers Land streicht
schlafende Seelen weckt
in betäubte Ohren flüstert
Gesichter berührt
die ungeküsst blieben
als die Winternacht über uns fiel
ist eine Prise Zärtlichkeit
des Frühlings
den wir ersehnten
mit aller Macht
unserer frierenden Herzen

mit geschlossenen Augen
lassen wir uns anfassen
von diesem Wind
und den Träumen
die er uns schenkt
von Sommerwiesen
blauem Meer
und dem Salz der Liebe

sonntags

Sonntags
nach dem Kirchgang
und der Anrufung
von Maria voll der Gnade
der nächste Talkshow-Auftritt
gnadenloser Politikbetrieb
Arbeitsplätze contra Rüstungsembargo
intelligente Waffen als Theorie
vom guten Töten
und guten Geschäften

oh Maria
bete für uns Sünder
und unser Portfolio
schlauer Killer
und dummdreister
als Spielzeug getarnte Minen

Bauernhände
die in Ackerfurchen fassen
verzweifelt für Nahrung
jedes Risiko eingehen

nach dem Abzug
will niemand mehr schuld sein
nur die bösen Zünder
sind noch scharf
aufs Töten
und das Sterben geht weiter
auch sonntags

Im Bilde

Kühl
werden Blicke
aneinander vorbei
gelenkt
das ganze Land
starrt ins Leere

das Gefühl
man stehe
immer
auf dem falschen Gleis
bleibt als einzige Konstante
den Seelen

ist es ein Sturm
ein Umbruch
oder nur
orientierungslose
Melancholie
die uns ergreift

alles in Frage gestellt
in zerfallender Ordnung
die Tage
ohne Gnade
neu zusammengesetzt
bis sie ins Bild
passen
aber leider
nicht zu uns

klein

Die Seele
übersät
mit mühsam stiller Wut
Gefühle
werfen Blasen

in der Tasche
geballte Fäuste
degeneriert
vom klein
beigeben

Verstand krampft
im eingezogenen Kopf
beim Ducken vor Dummheit
die am längeren Hebel
sitzt
und lacht
so laut
die Ohren taub
angesichts von Prahlerei

die ins Leere läuft
ohne Widerstand
und dort allein
steht
verloren
auf Posten
verkümmert
und klein

grau

Nebel liegt nass
und schwer auf dem Land
hastende Schritte
suchen das Weite
doch der Tag findet
keinen Horizont

Hände tasten
ziellos und ängstlich
berühren nichts
das es wert ist

Augen suchen
ein Gegenüber
doch alle schauen
zu Boden

mit grau
tapezierten Herzen
ohne Erwartung

Räume ohne Fenster
als Seelen
geben einem Lichtblick
keine Chance

die Scheiben
unseres Seins
blind
vor Einsamkeit

Kleine Farbenlehre

Rote Liebe
grau-grüne Augen
blauer Himmel
türkises Meer

ist das
nur
kleine Farbenlehre
oder ein Traum
von dir und mehr
noch von uns

und von Zeit
die mit den Farbübergängen
verschwimmt
zu Glück

und einem Leben
das sagt
ja
ich will

und ist das jetzt
blau
Phantasie
oder schon der Himmel

Aussicht

Obwohl ich nicht tief tauchen kann
habe ich dich gefunden
eine Perle zwischen all dem Unrat
abgewendeter Herzen und stumpfer Augen
makellos
glänzt deine Seele
sanft und schöner als die Sonne
auf dem türkisen Meer
das die Sehnsucht mit der Ebbe fort nimmt
weit draußen
erzählt sie allen von dir
wie einzigartig
dein Herzschlag mit meinem
Takt findet und Melodie

unser Weg
ist endlos wie der Wellenschlag
an die Küste
an der ein Pfad
balanciert
den Strand entlang
durch die Dünen
über schroffe Klippen
zur Aussicht
auf Zukunft
und das Versprechen
unserer Hände
sich niemals los
zu lassen

Auftrieb

Die Kälte
lässt uns los
Leben
im Auftrieb
Blicke schwärmen aus

Augen leuchten
wie von Zauberhand
entfesselt
schweben Herzen
über den Dingen

dieser Frühling
bleibt nicht lange ungeküsst

Erbe

Der neue Tag
nimmt sich die Zeit
wie er sie
gerade braucht
legt sich die Stunden
schön zurecht
im Vormittag
döst noch ein bisschen
bis die Sonne ihn durchs Fenster wärmt
spielt Hüpfkästchen
mit den Nachmittagsminuten
fühlt sich frei
und fällt lachend
dem Abend in die Arme
schmiegt sich
errötend
an die duftende
Nacht
schließt im Vertrauen
auf seine Kindeskinder
friedlich die Augen
das Feld bestellt
mit reichlich Erbe
aus Gelassenheit